Sueños Lúcidos

Una guía para principiantes para explorar tus sueños

Lauren Lingard

Contenido

Sé bienvenido a tus sueños

¿Has anhelado alguna vez experimentar algo que sabías que era realmente imposible en tu vida real? ¿Quizás viajar a un destino caro que siempre ha querido visitar, o lograr algo aún más extravagante, como volar sobre la selva del Amazonas? Por muy salvajes que parezcan tus deseos en la vida real, nada está fuera de tu alcance en tus sueños. Todos hemos experimentado lo extraños que pueden ser nuestros sueños, incluso sin quererlo. A veces nos encontramos en lugares que nunca hemos visto, hablando con personas que ni siquiera hemos conocido. A veces, nos impacta tanto que nos despertamos a la mañana siguiente decepcionados por haber tenido que terminar. Volvemos a nuestra vida cotidiana con oportunidades limitadas y restricciones que nos impiden vivir estas experiencias. Nos gustaría poder recrear los sueños, pero se nos escapan.

Imagínate ahora que todo lo que experimentas en un sueño está bajo tu control. Ya no tienes que dormirte esperando ver o sentir algo con solo una pequeña posibilidad de que se haga realidad. Como el mundo de los sueños no se rige por las reglas de la vida real, puedes experimentar literalmente cualquier cosa que desees sin dejarla al azar. Con el planteamiento adecuado, todo está bajo tu control: tus acciones, el entorno, las personas, etc.

Debido a que incluso los sueños normales dejan perplejas a las explicaciones científicas, no es de extrañar que los sueños lúcidos hayan desconcertado a la especie humana durante toda nuestra existencia. A lo largo de la historia de varias culturas del mundo, se han hecho muchas referencias a los sueños lúcidos. Muchas personas solían pensar que era una habilidad especial para ellos, un regalo de la divinidad. Otros asociaban la capacidad de controlar los sueños con una experiencia espiritual fuera del cuerpo. Con nuestra comprensión actual, algo ambigua, de este fenómeno, no se discuten las distintas creencias de la gente.

Existen innumerables teorías, hipótesis y estudios que se exploran regularmente en busca de una definición sólida que explique por completo el sueño lúcido. Debido a la naturaleza relativamente infrecuente de los sueños lúcidos, los científicos aún no han explicado completamente este fenómeno, pero a través de la ciencia, la experiencia y la historia, la gente se está acercando a perfeccionar el arte de los sueños lúcidos. Aunque todavía no hay nada completamente concluyente, la gente sigue explorando con entusiasmo los sueños lúcidos por su cuenta. A medida que aprenden las habilidades necesarias, a menudo se muestran ansiosos por proporcionar a otros recursos que les ayuden a hacer lo mismo. Ellos cuentan muchas experiencias y habilidades que son similares a lo largo de los sueños lúcidos de casi todo el mundo, por lo que es más fácil construir consejos útiles para aquellos que desean probarlo. Con técnicas eficaces, cualquiera puede desbloquear lo que muchos creen que es una especie de "superpoder" y extender sus experiencias más allá de la vida de vigilia.

Es algo que al principio parece tan increíble que experimentarlo parece casi mágico. Al fin y al cabo, se trata del concepto de estar despierto en un mundo creado por el propio subconsciente. Normalmente experimentamos un límite muy claro entre estar despierto y estar dormido, pero con el sueño lúcido, este límite se difumina y nuestros dos mundos se mezclan. Para la mayoría de la gente, esto evidentemente requiere acostumbrarse. Sin embargo, una vez que lo hacen, el número de cosas que pueden experimentar es ilimitado. Por eso muchas personas desean aprender a acceder a sus capacidades para controlar sus propios sueños. La conciencia que se adquiere durante un sueño y la capacidad de controlar el resultado de ese sueño hacen que la experiencia se parezca mucho a la vida. Dado que la vida moderna deja a la mayoría de la gente ocupada hasta el último minuto de su vida de vigilia, ¿quién no querría una extensión fascinante y de otro mundo de su vida habitual?

Y lo que es más espectacular, los beneficios de los sueños lúcidos no terminan cuando la persona se despierta. Los sueños lúcidos tienen todo tipo de efectos positivos incluso en la vida que llevamos mientras estamos despiertos. Todos los que lo practican se quedan con recuerdos y beneficios increíbles para su mente. La capacidad de explorar un tremendo número de experiencias que generalmente no están al alcance de las personas da a los que practican el sueño lúcido una visión más amplia y expansiva de la vida. Los que practican el sueño lúcido tienden a despertar y vivir la vida con una perspectiva diferente a los que no lo hacen.

El sueño lúcido cambia indiscutiblemente la vida. Como humanos, nos sentimos cómodos accediendo solo a partes de nuestro cerebro. El subconsciente puede ser un lugar aterrador y confuso para la mayoría de nosotros: una parte de nuestro cerebro que ni siquiera está bajo nuestro control; almacena recuerdos de los que no somos conscientes, pensamientos subyacentes que influyen en nuestras emociones y una imaginación que rara vez acabamos utilizando. Pero, como descubrirás, el subconsciente no tiene por qué dar tanto miedo. Con la ayuda de los sueños lúcidos, ¡pronto podrás adentrarte con seguridad en el subconsciente y explorar un mundo totalmente nuevo y emocionante!

Capítulo 1: El mundo del sueño

El sueño es una parte natural de la vida. Es un periodo de rejuvenecimiento, curación y descanso que es fundamental para todos los seres vivos. Por desgracia, en el mundo moderno, se ha convertido más en un accesorio que en un requisito. Debido a su ajetreada vida, muchas personas consideran que el sueño es algo que solo se practica cuando el cuerpo realmente no da más de sí; duermen la cantidad mínima que les proporciona la energía suficiente para seguir realizando sus tareas diarias. Esta es la realidad de la gran mayoría de las personas, que se ven obligadas a llevar este tipo de estilo de vida por las numerosas exigencias de sus trabajos, estudios o asuntos familiares. Y es que la sociedad moderna ha dificultado enormemente que la gente considere el sueño como la prioridad que debería ser siempre. En la naturaleza, casi todas las demás especies de animales han construido su vida en torno a dormir lo suficiente. Por suerte para ellos, tampoco se ven obligados a pagar facturas y deudas. En el caso de las personas, obviamente no es así, lo que nos deja como las únicas criaturas de la Tierra que carecen de sueño a un nivel tan importante. Muchos de nosotros hemos caído en un horario de sueño tan arruinado que incluso cuando se nos da la oportunidad de dormir más, elegimos no hacerlo.

Teniendo en cuenta que el sueño es uno de los aspectos más críticos de la salud física y mental, y es crucial para alcanzar el éxito, es irónico que muchas personas que priorizan su éxito acaben poniendo el sueño al final de su lista de tareas. De forma bastante contraproducente, estas personas pueden dormir apenas seis horas en favor de levantarse temprano e ir al gimnasio antes de ir a trabajar. Pero hacer ejercicio físico, comer de forma equilibrada, beber suficiente agua y mantener una higiene adecuada nunca será suficiente si alguien está sacrificando su sueño para hacer tiempo para estas otras actividades saludables. Esto suele ocurrir porque muchas personas siguen considerando el sueño como un potenciador de energía y nada más; cuando en realidad, el sueño es responsable de tantas funciones curativas que actúa como un antídoto lento pero crítico para casi cualquier problema de salud. Quizá no cure todas las enfermedades por sí solo, pero sin él, el problema está casi siempre destinado a empeorar. Es una herramienta fascinante que requiere tan poco esfuerzo como cerrar los ojos y dejar que nuestra mente se aleje de nuestra vida de vigilia.

Un sueño saludable

Los beneficios del sueño son casi ilimitados, y se necesitarían varios libros para enumerarlos y explicarlos todos. Es un hecho conocido que se recomienda una media de ocho horas de sueño por noche para llevar una vida sana y satisfactoria. Este hecho se ha convertido más en un objetivo hipotético que en uno que la mayoría de la gente se esfuerza por alcanzar. En Estados Unidos, hasta un 35,2% de los adultos no duermen lo suficiente de forma regular. Tendemos a separar a estas personas en dos categorías: aquellos cuyas vidas terriblemente exigentes simplemente no les dejan tiempo para dormir y aquellos que conscientemente posponen irse a la cama a una hora razonable. Aunque sería fácil culpar a este último grupo por sus propias decisiones que conducen a la falta de sueño, la realidad es mucho más compleja.

El trabajo, la escuela y otras tareas diarias no son las únicas que influyen en el horario de sueño de una persona. Hay muchas barreras que hacen que dormir suficientes horas sea una elección difícil para muchos. Una de esas barreras es la falta de tiempo que encuentran las personas para participar en actividades que quieren hacer fuera de su trabajo. Es decir, llegan a casa por la noche después de un día ajetreado y se pasan horas viendo películas, haciendo un pasatiempo o socializando con otras personas a expensas de su sueño. Aunque se trata de una elección consciente, es muy comprensible. Con solo 24 horas en el día, sacar tiempo y encontrar el deseo de ir a dormir más temprano no es una tarea tan fácil.

Dormir la cantidad adecuada de horas conlleva enormes beneficios físicos que abarcan casi todos los órganos y funciones de nuestro cuerpo. Uno de estos beneficios es la mejora que experimenta nuestro sistema inmunitario mientras dormimos.

Dentro del cuerpo humano, el sistema inmunológico es una red que contiene las herramientas críticas utilizadas para luchar contra cualquier enfermedad dañina que podamos experimentar. Sin él, sucumbiríamos fácilmente incluso a las enfermedades más comunes. Durante el sueño, nuestro cuerpo envía señales al sistema inmunitario para que produzca pequeñas proteínas denominadas citoquinas que ayudan a fortalecer y mejorar las células críticas del sistema inmunitario, así como las células sanguíneas. Una de estas células del sistema inmunitario son las células T, que son las principales responsables de circular por todo el cuerpo y encontrar cualquier patógeno extraño potencialmente dañino. Una vez que las células T identifican estos patógenos, activan el ataque del cuerpo contra ellos estimulando las células B para que produzcan los anticuerpos necesarios. Si no se duerme lo suficiente, la producción de células T disminuye y aumenta la posibilidad no solo de padecer enfermedades, sino también de desarrollar alergias.

Otro beneficio del sueño es la disminución de la probabilidad de ganar peso. Esto ocurre porque la duración del sueño se correlaciona directamente con la producción de hormonas reguladoras del hambre, como la grelina y la leptina. La primera estimula nuestro apetito y el hambre, mientras que la segunda permite a nuestro cuerpo saber cuándo hemos consumido suficientes alimentos para alimentarnos y evita que sigamos comiendo más allá de una capacidad saludable. Si no dormimos lo suficiente, aumenta la producción de grelina (lo que nos hace tener más hambre) y disminuye la de leptina (lo que nos hace más propensos a comer en exceso). Además, las personas que duermen menos tienden a recurrir a alimentos y bebidas con cafeína y estimulantes de la energía que les ayuden a vencer la somnolencia. Esto hace que corran el riesgo de consumir más calorías de las necesarias para llevar una vida sana, lo que puede provocar problemas de salud relacionados con el peso en el futuro.

Con una cantidad de sueño inferior a la adecuada, también se pone en riesgo nuestro corazón. Esto se debe a la sobreproducción de la hormona del estrés, el cortisol, resultante de la corta duración del sueño. El cortisol hace que el corazón trabaje más de lo necesario, lo que puede provocar hipertensión arterial, enfermedades cardíacas, diabetes tipo 2 e incluso ataques cardíacos.

Al igual que la salud de nuestro corazón y nuestro sistema inmunitario depende de un sueño adecuado, lo mismo ocurre con nuestro cerebro. El estado psicológico de una persona se ve profundamente afectado por la cantidad de tiempo que pasa durmiendo. Dormir menos está directamente relacionado con el aumento de las posibilidades de sufrir depresión, ansiedad e incluso trastorno bipolar. Desde un punto de vista menos extremo, la falta de sueño también provoca un aumento de los niveles de estrés y de la sensación de ansiedad o nerviosismo a lo largo del día. La falta de energía puede hacer que el individuo reaccione de forma más severa a las dificultades de su vida de lo que lo haría si hubiera dormido lo suficiente. La falta de sueño también puede provocar una falta de atención, un empeoramiento de la memoria y, como es lógico, una disminución de la productividad.

Hay una pequeña e intrigante parte de la población que es capaz de funcionar completamente bien con menos de seis horas de sueño. Desgraciadamente, esto solo ocurre en un 5% de la población. Esto se ha relacionado con una mutación del gen DEC2 que permite a sus cuerpos obtener todos los beneficios del sueño en un tiempo considerablemente menor que la población general. Esta rara mutación genética permite que las personas se duerman hasta la medianoche, se despierten a las cuatro de la mañana y se sientan más frescas que una persona media tras seis horas de sueño. En el otro lado del espectro del sueño se encuentran, más comúnmente, las personas que sufren diversos trastornos del sueño, una lucha extremadamente difícil que puede conducir a cualquiera de los problemas de salud descritos anteriormente. La gran variedad de trastornos del sueño identificados, como el insomnio, la apnea del sueño y otros, afecta a entre 50 y 70 millones de adultos en Estados Unidos. Sin la atención médica y el tratamiento adecuados, estos trastornos pueden tener muchas complicaciones de salud arriesgadas.

En el caso de otras personas que no son capaces de gestionar suficientemente sus horarios de sueño, la culpa no es de un trastorno biológico, sino generalmente de una rígida fuerza de la costumbre. Esto incluye aspectos como su dependencia de los dispositivos tecnológicos y las redes sociales, así como la sensación de estrés o inquietud por la noche. Las personas que luchan contra estos elementos deberían considerar los siguientes pasos para mejorar su sueño:

- Limita tu tiempo de pantalla antes de acostarte estableciendo límites. Deja un espacio de tiempo para disfrutar de los medios de comunicación de tu elección, sin sentirte culpable. Cuando se acabe el tiempo, aparta los dispositivos que te distraen y concéntrate en prepararte física y mentalmente para dormir. De hecho, la luz azul que emiten estos dispositivos altera el ritmo circadiano de las personas y disminuye la producción de melatonina en el cuerpo, lo que hace más difícil conciliar el sueño.

- Define y mantén una rutina de sueño sólida. Muchas personas afirman que no duermen lo suficiente simplemente porque no se sienten cansadas hasta una hora mucho más tardía. Evita programar actividades físicamente exigentes cerca de tu hora ideal de acostarte, ya que disminuyen la sensación de cansancio durante las horas siguientes. Además, intenta ir a la cama alrededor de la misma hora todas las noches. Si eres constante con el horario de sueño adecuado los siete días de la semana, tu cuerpo se acostumbrará a esta rutina y empezará a empujarte de forma natural a ir a la cama a una hora razonable.

- Date tiempo para relajarte y desestresarte antes de acostarte. Lleva un diario, tómate una taza de té calmante o medita para tener un espacio donde liberar todas las ansiedades que flotan en tu mente. Al dejar salir tus sentimientos, es menos probable que te bombardeen mientras intentas dormirte.

El ciclo del sueño

Mientras dormimos, pasamos por un ciclo tras otro de varias etapas de sueño. Cada una de ellas es única respecto a las demás y nos proporciona sus propias experiencias y beneficios del sueño. Por término medio, una persona pasa por entre cuatro y seis ciclos completos de sueño en una noche. Estos ciclos ocurren continuamente y están influenciados por nuestro patrón biológico de ondas cerebrales. De hecho, muchas personas confían en el recuento de los ciclos de sueño en lugar de las horas para verificar que están durmiendo lo suficiente. El primer ciclo que se experimenta durante una noche de sueño suele ser el más corto de todos, y suele durar entre 70 y 100 minutos, mientras que los ciclos posteriores tienen una duración de entre 90 y 120 minutos. La longitud y la calidad de cada etapa del ciclo están influidas por la edad de la persona, la calidad del sueño anterior e incluso el consumo de alcohol. Hay cuatro etapas totales en el ciclo del sueño, que comienzan con tres etapas distintas de sueño sin movimientos oculares rápidos -también conocido como sueño quiescente- y terminan con el sueño de movimientos oculares rápidos.

Cada etapa es importante para entender los fundamentos del sueño lúcido. Cuando seas consciente de lo que ocurre durante cada etapa, aprenderás en qué momentos de la noche es más probable que sueñes. Además, te desvelará los momentos en los que la lucidez dentro de un sueño es más posible y te dirá cuándo podrás ser consciente en tu sueño.

Etapa 1: NREM1

La primera etapa dentro del ciclo de sueño es la etapa 1 de movimientos oculares no rápidos, abreviada como NREM1. Esta etapa se produce al principio del sueño, justo cuando se empieza a dormitar. Antes de la NREM1 y mientras estamos despiertos y alerta, nuestro cerebro produce ondas gamma y beta. Estas dos ondas suelen señalar nuestro compromiso y los procesos de pensamiento complejos. No obstante, durante el NREM1, el cerebro emite ondas alfa y theta. Las ondas alfa también pueden emitirse mientras una persona está despierta, normalmente después de hacer un descanso mental mediante la meditación u otra actividad tranquilizadora. En la primera mitad del ciclo NREM1, las ondas alfa de baja frecuencia dominan ligeramente en el lóbulo frontal del cerebro. Esto indica una fuerte sensación de relajación mientras la persona sigue relativamente despierta y su cerebro sigue activo. Conforme la persona se adentra en el sueño durante la segunda mitad de la NREM1, el cerebro empieza a producir más ondas theta con amplitudes mayores y frecuencias aún más bajas. En esta fase, el ritmo cardíaco y la respiración de la persona se ralentizan y su temperatura corporal desciende ligeramente. Los músculos se relajan cada vez más y pueden llegar a crisparse ligeramente. La fase NREM1 suele durar muy poco, entre cinco y diez minutos. Las personas que se despiertan durante esta fase del sueño suelen decir que no se han dormido todavía.

Etapa 2: NREM2

La segunda etapa del sueño sin movimientos oculares rápidos es la NREM2. Esta etapa es más larga que la NREM1 y dura entre 30 y 60 minutos. Durante la NREM2, el cuerpo y la mente de la persona entran en un estado de relajación mucho más profundo. Se alejan más de la realidad de la vigilia y son menos conscientes de su entorno. Sus movimientos oculares se detienen, su temperatura corporal sigue bajando ligeramente y la respiración y el ritmo cardíaco vuelven a sus ritmos regulares. El cerebro sigue emitiendo las ondas theta que comenzó a emitir en la segunda mitad de la NREM1, excepto con breves ráfagas de actividad cerebral llamadas husos. Estos husos de sueño son momentos potentes pero breves de ondas cerebrales de alta frecuencia, que duran menos de dos segundos. Estos husos rápidos durante el NREM1 son muy importantes para las capacidades de aprendizaje y memoria de una persona. Concretamente, se producen cuando el cerebro está repasando y consolidando cualquier cosa que haya aprendido o practicado mientras estaba despierto el día anterior. Paralelamente a los husos de sueño están los complejos K, ondas cerebrales de frecuencia delta con una amplitud significativamente grande. De forma similar a los husos, no son constantes durante toda la fase

NREM2 y solo se producen cuando la persona experimenta algún estímulo externo mientras duerme.

Etapa 3: NREM3

Tras la preparación y la relajación gradual que el cuerpo y la mente experimentan durante la NREM1 y la NREM2, llega la última etapa del sueño sin movimientos oculares rápidos, la NREM3. Esta etapa es el comienzo del sueño profundo, también conocido como sueño de ondas lentas (SWS). Esto se debe a que durante la duración del NREM3, la actividad del cerebro se ralentiza aún más produciendo ondas delta. Las ondas delta son las ondas más lentas que el cerebro humano es capaz de producir. A veces se pueden estimular mediante ritmos binaurales antes de acostarse para ayudar al cerebro del individuo a producirlas durante NREM3 y REM. Este comienzo del sueño profundo hace que los estímulos externos ya no afecten al individuo dormido, lo que hace que sea considerablemente más difícil despertarlo. Durante esta fase, la respiración y el ritmo cardíaco se ralentizan drásticamente, lo que lleva al individuo a una fuerte relajación física. Es durante esta etapa que el cuerpo comienza a reparar cualquier problema físico y a mejorar la salud. Por otra parte, el cerebro continúa solidificando cualquier información que haya recibido en el transcurso del último día, de forma similar a lo que hacen los husos durante la NREM2.

Etapa 4: REM

La última etapa del sueño es posiblemente la más conocida, denominada sueño de movimientos oculares rápidos o REM. También entra en la categoría de sueño de ondas lentas, al igual que el NREM3. Es durante esta etapa cuando los sueños se experimentan más comúnmente y de forma más vívida. El sueño REM suele comenzar 90 minutos después de que la persona se duerma y su duración aumenta con cada ciclo de repetición. En el primer ciclo, el sueño REM dura apenas 10 minutos, pero llega hasta los 60 minutos en el último ciclo. No obstante, cuanto más envejece una persona, más corta es su etapa REM media. Durante esta etapa, el cuerpo se centra en tareas como la construcción y el fortalecimiento de los huesos, la mejora del sistema inmunitario y la reparación de los tejidos. Además de que el cerebro continúe con el recambio de información al igual que en la fase NREM3, la fase REM también es importante para que el cerebro procese la información emocional. Esto suele influir en el entorno emocional de los sueños que experimenta el individuo.

Curiosamente, la actividad cerebral durante la etapa REM del sueño es muy similar a su actividad durante las horas que la persona pasa despierta. Esto indica que el cerebro participa activamente durante el sueño REM en la producción de sueños. Las ondas cerebrales que se producen en esta fase siguen siendo en gran medida ondas delta; las personas que experimentan más ondas alfa durante el sueño NREM3 y REM tienden a sentirse menos descansadas después de despertarse. Sin embargo, a diferencia del cerebro, los músculos físicos del individuo están completamente inmovilizados durante la fase REM del sueño. De este modo, el individuo no puede actuar físicamente sobre lo que experimenta en sus sueños. La combinación de alta actividad cerebral y parálisis física ha llegado a hacer que el sueño REM se conozca también como sueño paradójico. Mientras que las tres primeras etapas del ciclo de sueño están destinadas principalmente a la relajación y a procesos menores de restauración, los sueños lúcidos se experimentan mejor durante el sueño REM.

Parálisis del sueño

Una experiencia indeseable y a menudo intimidante durante el sueño es la parálisis del sueño. La parálisis del sueño se produce cuando una persona está consciente pero no puede mover sus músculos. Con frecuencia ve el entorno que le rodea, es capaz de tener pensamientos complejos y procesar con precisión las emociones, pero al mismo tiempo se siente físicamente paralizado. Esto puede ocurrir tanto mientras la persona intenta dormirse como cuando se despierta; sin embargo, esto último ocurre con más frecuencia. Se ha estimado que solo el 8% de la población pasará alguna vez por un episodio de parálisis del sueño. No hay suficientes datos que proporcionen información sobre la frecuencia con la que estas personas tendrán parálisis del sueño recurrente, sin embargo, algunos creen que ocurre más a menudo en personas que tienen trastornos del sueño como el insomnio.

En el pasado, la parálisis del sueño se atribuía, como es lógico, a la actividad paranormal. La gente creía que eran fantasmas, demonios u otras entidades malintencionadas las que paralizaban al individuo y procedían a asustarlo. Si bien la verdad detrás de la parálisis del sueño sigue confundiendo a la mayoría, los neurólogos y psicólogos han encontrado muchas explicaciones científicas que pueden tranquilizar a las personas que la experimentan. En su mayor parte, se cree que la parálisis del sueño es simplemente un retraso biológico entre el despertar del cuerpo y la mente. Por muy inquietante que sea la parálisis del sueño, sus causas no son nada paranormales. Se trata de una reacción natural del cerebro que se produce entre el estado de sueño y el de vigilia.

Si una persona experimenta una parálisis del sueño mientras se queda dormida, se denomina parálisis del sueño hipnagógica. Esto ocurre cuando el cuerpo y la mente se duermen activamente hasta que el cerebro de la persona vuelve a su estado de vigilia y la persona se vuelve consciente de repente. Esto les deja mentalmente alerta mientras su cuerpo continúa su transición hacia el sueño. La parálisis del sueño que ocurre cuando una persona se despierta después de un ciclo de sueño se llama parálisis del sueño hipnopómpica. El concepto aquí es similar, pero en lugar de tener lugar durante las primeras etapas del sueño, ocurre cuando una persona se pone prematuramente alerta antes de la finalización completa de la etapa REM. Como se ha explicado anteriormente, los músculos durante la etapa REM del sueño se inmovilizan. Por lo tanto, si el cerebro de una persona vuelve a un estado mental consciente durante esta etapa, no puede moverse ni hablar voluntariamente.

A menudo, lo que hace que esta experiencia sea espeluznante es la presencia de alucinaciones, tanto hipnagógicas como hipnopómpicas. Tanto las alucinaciones hipnagógicas como las hipnopómpicas tienen lugar por sí solas, pero también durante sus respectivas formas de parálisis del sueño. Las alucinaciones hipnagógicas e hipnopómpicas se denominan conjuntamente hipnagogia. Los signos neurológicos de la hipnagogia son similares tanto a las ensoñaciones como a los sueños nocturnos. Cuando esto ocurre al mismo tiempo que la parálisis del sueño, hace que la persona experimente inmovilidad mientras también ve, oye o incluso siente sensaciones que no son reales, muy similares a las de un sueño. Puede ser una experiencia muy angustiosa, sobre todo teniendo en cuenta que el individuo no tiene control sobre sus movimientos físicos. Desgraciadamente, debido a su conciencia, estas alucinaciones suelen ser vívidas y se sienten extremadamente reales. Cuando la hipnagogia ocurre con frecuencia, puede ser un signo de un trastorno del sueño llamado parasomnia y puede requerir la ayuda de un profesional.

La conexión entre la hipnagogia, la parálisis del sueño y los sueños lúcidos es bastante interesante. Aunque la definición común de sueño lúcido lo describe como algo que ocurre cuando una persona está en la etapa REM del sueño, se han registrado experiencias similares durante episodios de parálisis del sueño. La persona puede tener lo que se describe como experiencias fuera del cuerpo e incluso sentirse separada de su forma física. Durante la parálisis del sueño, esta sensación de sueño lúcido va evidentemente acompañada de diversas hipnagogias. En general, la parálisis del sueño es más probable que se produzca cuando la persona estuvo previamente privada de sueño.

Capítulo 2: ¿Qué es el sueño lúcido?

Entender el mundo del sueño te da la oportunidad de sumergirte en el mundo aún más complejo de los sueños lúcidos. Los sueños en general han sido un punto de interés durante toda la historia humana registrada. Su exploración ha formado parte de la cultura, el arte y los medios de comunicación de todas las civilizaciones hasta la fecha. Sigue siendo fascinante para los humanos -que están tan acostumbrados a vivir únicamente en su vida de vigilia- tener acceso a tal multitud de mundos casi cada noche. Su persistencia en la experiencia humana ha hecho que sea un tema estudiado por muchos. El estudio de los sueños se denomina onirología y describe a varios especialistas y profesionales que dedican sus horas de trabajo a resolver este misterio milenario. Los psicólogos, neurólogos y otros investigadores científicos han hecho muchos progresos a lo largo de varios siglos; sin embargo, la primera vez que se utilizó un enfoque verdaderamente neurológico tuvo lugar a mediados del siglo XX, cuando los investigadores Eugene Aserinsky y Nathaniel Kleitman hicieron el primer descubrimiento del sueño REM. Desde este punto de inflexión, la ciencia ha hecho progresos relativamente constantes.

A pesar de la falta de una explicación sólida, todos los tipos de sueños aportan sus propios beneficios. A diferencia de los sueños lúcidos, los sueños normales son tan naturales para la mayoría de la población que ni siquiera requieren ningún tipo de control. La gente simplemente se acuesta y deja que su cuerpo y su mente se hagan cargo por completo de lo que experimentan durante las siguientes horas. No cabe duda de que todos los sueños tienen una razón de ser: nuestras mentes nos muestran imágenes, nos meten en situaciones nuevas y nos hacen experimentar cosas que de otro modo nunca experimentaríamos. Cada persona decide individualmente la importancia que da a sus sueños. Mientras que muchos siguen considerándolos como algo que simplemente ocurre, otros han reconocido el valor que puede aportar la exploración de sus sueños -lúcidos o no-. Para transformar tu vida con los sueños lúcidos, es fundamental examinar los sueños que ya tienes. A menudo, los sueños que nuestro cerebro crea con total libertad pueden ser indicadores de algo mucho más grande.

¿Qué son los sueños?

Cuando dormimos, nuestro cerebro evoca imágenes visuales, sensaciones, pensamientos y emociones que experimentamos en plena subconsciencia. Para las criaturas que comprenden muy bien nuestro mundo consciente y están bastante perdidas en nuestro subconsciente, puede resultar bastante increíble saber que somos capaces de ver y sentir sensaciones que no están causadas por factores tangibles y externos. Nuestros ojos están cerrados y, sin embargo, vemos con viveza; estamos tumbados tranquilamente en la cama y, sin embargo, sentimos que nuestro cuerpo se mueve mientras corremos en nuestros sueños. Este es el primer indicador de lo mucho que nuestro cerebro es capaz de hacer por sí mismo. Lo que causa más confusión es por qué y cómo estas experiencias varían tanto incluso de una noche a otra. En ocasiones, son tan agradables que deseamos que nuestra vida de vigilia se parezca más a ellas, mientras que en otras no podemos esperar a despertarnos.

Los sueños suelen producirse durante la fase REM, aunque también es posible que aparezcan en fases del sueño distintas de la REM. Mientras soñamos, especialmente durante la fase REM, los sectores emocionales de nuestro cerebro están considerablemente más activados que los encargados del pensamiento lógico. En concreto, nuestro córtex prefrontal está mucho menos activo mientras dormimos. Esto se utiliza a menudo para explicar por qué muchos de nuestros sueños son completamente irracionales y no tendrían sentido en la vida real: los escenarios y nuestras reacciones a ellos están mucho más impulsados por las emociones. Los sueños que se producen en las fases no REM suelen ser más coherentes y pueden tener más conexiones con la vida real. Algunos atributos comunes de los sueños REM son

- experimentar todo en la perspectiva de primera persona

- los escenarios se producen sin ningún esfuerzo consciente

- el contenido es a menudo surrealista y diferente a la vida real

- las interacciones con otras personas sean identificables o no

- ciertos elementos pueden ser similares a los de la vida real del soñador

Un estudio centrado en el conocimiento de los personajes de los sueños de las personas descubrió que el 49% de las personas que aparecían en los sueños eran alguien que el soñador conocía relativamente bien, el 35% solo eran identificables por su papel en el sueño y el 16% eran completamente inidentificables. Lo interesante es que incluso ese 51% de personajes que no tenían una conexión identificable con el soñador han sido vistos por ellos en la vida real. En otras palabras, cada rostro que vemos en nuestros sueños es uno que nuestros ojos han captado en un momento u otro, lo recordemos conscientemente o no. Esto demuestra además que nuestro cerebro utiliza diversos conocimientos subconscientes almacenados para influir en el sueño creado. Si bien hay muchos puntos en común entre los sueños generales, muchas personas tienen experiencias muy individuales. Por ejemplo, algunas personas solo sueñan en blanco y negro, mientras que otras ven un espectro completo de colores.

Como las etapas REM en los primeros ciclos del sueño, los sueños tienden a ser más cortos al principio y luego se alargan con cada ciclo. Los sueños suelen durar entre 5 y 20 minutos cada uno, y la persona media experimenta entre 3 y 6 sueños por noche. No obstante, debido al funcionamiento especializado de nuestro cerebro durante la fase REM, la información rara vez se procesa y almacena correctamente, lo que hace que olvidemos casi el 95% de nuestros sueños nada más despertarnos.

¿Por qué soñamos?

Todavía no existe una explicación categórica de por qué podemos experimentar sueños. Tanto la gente común como los profesionales ofrecen una multitud de razones, siendo cada una de ellas candidata a una explicación sólida. A pesar de que muchos expertos no se ponen de acuerdo, la mayoría basan sus conclusiones en trabajos de psicólogos del pasado, así como en revelaciones científicas modernas. Algunas de las teorías más comunes sobre por qué soñamos son:

- nuestro cerebro utiliza los sueños para consolidar los recuerdos

- las emociones se practican y se procesan en función de los nuevos escenarios que crea el sueño

- nuestro cerebro limpia cualquier información innecesaria

- los sueños pueden contener situaciones reproducidas de la vida real para que el cerebro las analice

- los sueños son solo un subproducto del sueño y no tienen ninguna utilidad inherente

Sea cual sea la teoría que se considere correcta más adelante, el hecho es que la mayoría de los sueños son bastante autobiográficos y están fuertemente influenciados por la vida del soñador. Esto incluye a las personas que conoce, las conversaciones que ha mantenido y las circunstancias recientes de su vida.

Muchas teorías -especialmente las del punto de vista de los psicólogos- se centran en que los sueños cumplen la función de una minisesión de terapia. Dan a la persona la oportunidad de enfrentarse a una emoción fuerte que ha estado experimentando mientras estaba despierta, y a veces incluso le permiten darse cuenta de ciertas conexiones emocionales que de otro modo no existirían. Esto se debe a que durante el sueño REM, nuestro cerebro tiene niveles muy bajos de noradrenalina, una hormona que estimula nuestros sentimientos de ansiedad. Esto puede ayudar aún más al cerebro a procesar emociones difíciles sin tanto miedo como el que tendría mientras está despierto. En el caso de los sueños que provocan mucho miedo o incluso pánico, la persona puede enfrentarse a una tarea psicológica diferente de practicar su reacción al peligro. Concretamente, estos sueños inquietantes pueden ser utilizados por el cerebro para practicar su respuesta de lucha o huida. Esta teoría se ve reforzada por el hecho de que la amígdala es una de las partes más activas del cerebro durante el sueño REM. Al ser conocida por su servicio de indicación del miedo, la considerable actividad de la amígdala indica, por tanto, que el cerebro está poniendo a prueba nuestra preparación ante una posible amenaza.

Otras personas creen que el impulso creativo es el propósito central de nuestro sueño. Esto suele estar relacionado con el pensamiento extremadamente emocional de nuestro cerebro, en lugar de lógico, durante el sueño REM. En comparación con las barreras que nuestra lógica puede imponernos mientras estamos despiertos, nuestro cerebro dormido nos permite pensar de forma creativa con menos límites. De hecho, Dmitri Mendeleev - el creador de la tabla periódica- afirmó que la idea de su creación se le ocurrió como una imagen visual en un sueño.

Aparte de los propósitos de los sueños, un tema largamente debatido ha sido por qué los sueños adoptan ciertas formas y no otras. Según se informa, el 43% de los adultos estadounidenses creen que nuestros sueños muestran nuestros deseos y emociones subconscientes. Si bien hay muchos sueños que son completamente únicos para el individuo que los experimenta, también hay otros que parecen ocurrir en una gran mayoría de la población. A continuación se presenta una lista de estos sueños y posibles explicaciones de lo que pueden simbolizar:

- Los sueños sobre caídas son ampliamente reportados y se cree que indican que hay un área de la vida real en la que has estado particularmente luchando

- Los sueños en los que se aparece desnudo en espacios públicos suelen asociarse con el hecho de sentirse fuera de lugar en tu comunidad o de sentirse incómodo con tus defectos

- Los sueños que contienen un motivo de ser perseguido se piensa a menudo para indicar que hay un problema incómodo o que induce el miedo que estás evitando en la vida real

- Los sueños en los que se pierden los dientes son especialmente comunes y se asocian a la inseguridad en el aspecto físico o en las habilidades de comunicación

- Los sueños que incluyen vuelos pueden representar la sensación de libertad o, por el contrario, el deseo de escapar de algo en la vida real

Carl Jung y Sigmund Freud

Los nombres de Carl Jung y Sigmund Freud están muy asociados a la psicología. Lo que mucha gente no tiene en cuenta, sin embargo, son sus poderosas teorías sobre por qué los humanos sueñan y si hacerlo o no es crucial para su desarrollo y bienestar. Aunque Jung y Freud eran conocidos por ser buenos amigos y colegas, su debate sobre la conceptualización de los sueños puede haberlos empujado a terminar su amistad.

Sigmund Freud creía que los sueños de las personas representaban sus deseos más oscuros e íntimos, principalmente la represión sexual. Sostenía que, mientras dormimos, las tácticas que generalmente utilizamos para mantenernos reservados dejan de funcionar y permiten al cerebro explorar todo lo que desea, por muy tabú que sea.

Carl Jung, por su parte, no creía en la idea de Freud de que los sueños casi siempre representan nuestras apetencias en relación con la sexualidad, aunque sí apoyaba la teoría de que nuestros sueños eran un símbolo de nuestra mente inconsciente. Jung también estaba de acuerdo con Freud en que los sueños podían ser utilizados por nuestro cerebro para reevaluar ciertos acontecimientos pasados, pero su teoría también afirmaba que podían darnos información sobre lo que debíamos esperar de nosotros mismos en el futuro. Muchas teorías modernas se basan en una combinación de elementos de las perspectivas de Freud y Jung sobre los sueños.

Tipos de sueños

Los profesionales han establecido actualmente cinco categorías principales de sueños. Lo que todos tienen en común es que la persona entra en un estado mental diferente y permite que su subconsciente se haga cargo de sus pensamientos y visualizaciones. Teniendo esto en cuenta, no es de extrañar que los sueños no solo se produzcan por la noche.

Los sueños normales son los que ocurren más a menudo durante el sueño REM y ya han sido descritos. Sin embargo, la segunda categoría de sueños, que a menudo se pasa por alto, son los sueños diurnos. Mucha gente ni siquiera se da cuenta de que las ensoñaciones -un fenómeno muy común- están oficialmente reconocidas como un tipo de sueño. A pesar de que esta cifra tiende a disminuir con la edad, a lo largo del día, la persona media puede pasar más del 30% de su tiempo soñando despierta. La verdad es que esta estadística puede parecer un poco exagerada para la mayoría de la gente, únicamente porque a menudo ni siquiera reconocemos cuando soñamos despiertos. La ensoñación se produce a menudo cuando dejamos que nuestra mente se desvíe de nuestras tareas o de nuestro entorno para entrar en un mundo de pensamientos que bloquea ligeramente los estímulos externos. Las ensoñaciones se clasifican en dos tipos: positivas-constructivas y disfóricas. Los sueños positivos-constructivos, como su nombre indica, suelen incluir visualizaciones y sensaciones positivas. Se cree que las personas que tienden a practicar este tipo de ensoñación son más propensas a la creatividad e incluso les resulta más fácil tener sueños lúcidos. Sin embargo, la ensoñación disfórica consiste en imaginar resultados no deseados y puede provocar ansiedad.

El siguiente tipo de sueño son los falsos despertares. Durante estos sueños, la persona puede sentir que se ha despertado. En otras palabras, se siente como si estuviera despierta y procede a comenzar su mañana de forma habitual, hasta que se da cuenta de que sigue siendo un sueño o se despierta de verdad. Durante los falsos despertamientos, el entorno creado por el sueño es increíblemente parecido a la realidad, lo que hace que la persona se sienta como si se hubiera despertado de verdad. Curiosamente, algunas personas que tienen falsos despertares dicen haber experimentado varios seguidos.

Las pesadillas son el cuarto tipo de sueños y, por lo general, son sueños normales que acaban proporcionando una experiencia aterradora. La razón por la que son tan eficaces en su horror es porque la persona no es consciente de que está soñando y de que todo lo que parece tan aterrador no es en realidad real. Además, algunas pesadillas son tan intensas que la persona puede incluso experimentar alucinaciones de sentir dolor sin ninguna causa externa. La causa de las pesadillas no está clara; sin embargo, la angustia, la enfermedad y el consumo de alcohol o drogas pueden aumentar su probabilidad. Aunque las pesadillas afectan más a los niños, entre el 2% y el 8% de los adultos tienen pesadillas crónicas. La causa de las pesadillas crónicas aún no se ha precisado, pero los efectos secundarios de algunos medicamentos podrían ser los culpables. Además, las personas pueden tener más pesadillas si han comido cerca de la hora de acostarse. Esto podría deberse a que el metabolismo envía ciertas señales al cerebro que aumentan su actividad. Para quienes sufren pesadillas crónicas, algunas personas recomiendan aprender técnicas de sueño lúcido para ayudar a aliviar los sentimientos de impotencia y terror que se experimentan durante las pesadillas.

Sueños lúcidos

Los sueños lúcidos son la quinta y última categoría de sueños. Se definen como sueños regulares que ocurren mientras se duerme, en los que el individuo es consciente de que está soñando y puede incluso controlar el sueño por completo. Es obvio que los que se inclinan naturalmente por los sueños lúcidos son la envidia de los que quieren aprender. La buena noticia es que, aunque los sueños lúcidos son significativamente más raros que otros tipos de sueños, no están fuera de tu alcance. De hecho, se dice que hasta el 55% de las personas han experimentado un sueño lúcido en un momento u otro.

Muchas personas que desconocen o son nuevas en este fenómeno albergan mucho miedo en relación con él. Tienen miedo de entrar en pánico y quedarse atrapados en el sueño, de no saber qué hacer o incluso de morir en la vida real. Esto no es sorprendente, teniendo en cuenta que la gente siempre tiende a temer lo que no conoce. Por suerte, con el control que tienen sobre sus sueños, un soñador lúcido es capaz de evitar tanto el pánico como quedarse atascado, y morir en la vida real es simplemente imposible. Las personas que han experimentado el sueño lúcido suelen sentir una sensación de paz y serenidad cuando son conscientes de que están soñando, y no de pánico.

Con todo, cabe señalar que el sueño lúcido no debe tratarse únicamente como un parque de atracciones. La mayoría de las personas que sueñan lúcidamente están muy en sintonía con su interior y su subconsciente incluso antes de intentarlo. Por esta razón, se recomienda que las personas utilicen el sueño lúcido para otros propósitos que no sean únicamente la realización de sus sueños más salvajes. En su lugar, se les anima a que se centren en ampliar sus perspectivas e ideas y en involucrar una parte de su cerebro generalmente más inaccesible.

El sueño lúcido aborda la frontera entre nuestro mundo real y nuestros sueños. Además, explora la relación entre las partes subconsciente y consciente de nuestra mente. Desde el punto de vista científico, algunas partes de nuestro cerebro -como el córtex prefrontal- se activan más durante los sueños lúcidos que durante los sueños normales. Esto permite que nuestros cerebros se vuelvan lógicos durante los sueños lúcidos, algo que no ocurre durante los sueños normales.

El aspecto más difícil de los sueños lúcidos suele ser controlarlos. De hecho, incluso los ávidos soñadores lúcidos son a veces incapaces de controlar todos los aspectos del sueño; pueden controlar con éxito sus propias acciones o personajes mientras su subconsciente sigue dictando otros aspectos. En general, cuanto más te sientas cómodo con los sueños lúcidos, más fácil será esta práctica.

Historia y perspectivas

El término sueño lúcido fue acuñado en 1913 por el psiquiatra holandés Frederik van Eeden. Gran parte de la investigación científica que acompañó al fenómeno se produjo más tarde, entre los años 60 y 80. Pero las raíces del sueño lúcido no solo se encuentran en la ciencia. Aunque el sueño lúcido está directamente vinculado al funcionamiento biológico del cerebro humano, muchas personas lo utilizan en su propio beneficio con fines espirituales o incluso únicamente de entretenimiento. De hecho, existe una gran coincidencia entre la espiritualidad y los sueños lúcidos. En el budismo, por ejemplo, algunas personas practican el sueño lúcido con el objetivo de aumentar su conexión con la espiritualidad. Esta práctica incluye aprender a ser consciente mientras se sueña y completar ciertas tareas importantes para el crecimiento interior; algunas personas eligen utilizar el sueño lúcido para enfrentarse a ciertos miedos, mientras que otras pueden incluso intentar interactuar con una figura espiritual. El sueño lúcido se ha utilizado con fines similares durante miles de años y abarca múltiples espiritualidades y culturas. Muchas personas que utilizan el sueño lúcido de esta manera lo han combinado con la meditación en el mundo de la vigilia.

Capítulo 3: Toma el control de tus sueños

Muchas personas que no son profesionales en el campo de la neurociencia, la psicología o la investigación de los sueños tienden a desear experimentar sueños lúcidos únicamente para su propio beneficio personal; pueden utilizarlo por razones espirituales, para mejorar las funciones cognitivas, para superar traumas o simplemente para ampliar sus experiencias. En efecto, desde el punto de vista de los investigadores, un mayor número de sueños lúcidos también podría conducir a una mejor comprensión de nuestras mentes consciente y subconsciente. Los sueños lúcidos son, de hecho, un método terapéutico relativamente común para las personas que sufren un trastorno de estrés postraumático (TEPT). Dado que los sucesos angustiosos pueden causar pesadillas crónicas, ser capaz de controlar estas terribles experiencias a través de los sueños lúcidos puede ser la clave para evitar que se produzcan por completo.

Una preocupación con respecto a los sueños lúcidos es que las personas que los practican con demasiada frecuencia pueden confundir la realidad con sus sueños. Por esta razón, se recomienda utilizar los sueños lúcidos no como un medio para escapar de las dificultades del mundo real, sino para mejorar su perspectiva. En el caso de las personas que desean aprender los trucos de los sueños lúcidos sin la ayuda de un profesional o terapeuta, el primer paso es construir una base sólida. Esto implica un periodo de autorreflexión y la voluntad de explorar su mente subconsciente sin miedos ni dudas subyacentes. Una persona que esté completamente desconectada de su subconsciente se arriesga a tener más dificultades o incluso experiencias de sueños lúcidos desagradables. En otras palabras, estar en el estado mental adecuado antes de incorporar las técnicas de sueños lúcidos es clave. Hay estudios que han encontrado que la disposición de una persona a experimentar el sueño lúcido tiene una correlación directa sobre el fenómeno, aumentando incluso su frecuencia de ocurrencia.

Las personas con tendencia espiritual también tienen generalmente más facilidad para lograr sueños lúcidos debido a su experiencia con el subconsciente. Por ejemplo, los monjes budistas que utilizan los sueños lúcidos como medio para reforzar su conexión con la espiritualidad suelen practicar la meditación a lo largo del día. Esta actividad diurna impulsa al cerebro a crear ondas alfa fuera de las etapas iniciales del sueño NREM. Al combinar tanto la meditación como los sueños lúcidos a lo largo de sus 24 horas, también están mejorando la red de su cerebro entre varios estados de conciencia y relajación.

Cómo empezar

Una persona que no tiene memoria ni vínculos emocionales con sus sueños está en el comienzo de su viaje. En el caso de que seas una persona que está en el punto de partida, es importante que conozcas tus sueños actuales antes de intentar alcanzar la lucidez. Sin la capacidad de recordar tus sueños habituales, las técnicas de sueños lúcidos no tendrán casi ninguna utilidad, ya que estás muy desconectado del mundo de tus sueños. Con el fin de cambiar esto, empieza por aprender sobre los sueños que tu mente produce por sí misma antes de tomar el asunto en tus manos.

Recuerdos de los sueños

A todos nos ha pasado: te despiertas de un sueño convencido de que ha sido tan impactante y memorable que es imposible que lo olvides por la mañana; luego te levantas y empiezas el día y rápidamente te encuentras con la molesta sensación de que has soñado algo extraordinario sin recordarlo en absoluto. Es una sensación bastante inquietante saber que el recuerdo de tu sueño, que antes era tan vívido, se ha esfumado en cuestión de minutos o incluso de segundos. Aunque parte de esto es evidentemente culpa de la química de tu cerebro, hay formas de mejorar el recuerdo de tus sueños, algo que es fundamental para futuros sueños lúcidos.

Como ya se ha mencionado, las etapas REM se alargan a medida que avanza la noche, y el intervalo entre cada etapa REM se acorta. Utilizando esta información, tienes la capacidad de predecir los momentos en los que experimentarás el sueño REM a lo largo de la noche. Si te despiertas del sueño REM, hay un 95% de probabilidades de que hayas estado soñando y seas capaz de describirlo con detalle. Si eres capaz de despertarte durante tus periodos REM, te será mucho más fácil aprovechar la memoria que tienes de tus sueños. Por ejemplo, si se fija una alarma para algún momento de las dos últimas horas de sueño, es muy probable que te despiertes con un recuerdo de los sueños muy preciso. Al principio, despertarse en medio de un sueño puede parecer contradictorio. Después de todo, los sueños lúcidos se producen mientras se está dormido y pueden ser excepcionalmente agradables, así que ¿cómo puede esa interrupción mejorar la lucidez? La respuesta es bastante sencilla: despertarse y volver a dormir el mismo sueño es mucho más fácil en la fase REM del sueño que en cualquier otra.

Para aumentar aún más tus posibilidades de recordar los sueños, asegúrate de establecer una intención antes de quedarte dormido. Esto puede parecer demasiado sencillo para que funcione; sin embargo, incluso algo tan fácil como pensar en recordar tu futuro sueño puede hacer que tu cerebro trabaje más duro para recordarlo. Lo único que hay que hacer es decirse a sí mismo algo parecido a "recordaré mi sueño" al meterse en la cama y cerrar los ojos. Aunque puede llevar unos cuantos intentos, este método ha sido utilizado por muchas personas para despertarse con un recuerdo fresco y duradero de sus sueños.

Nuestro cuerpo físico también tiene capacidad de recuerdo, y los recuerdos de los sueños pueden almacenarse incluso en nuestros músculos. Si eres capaz de permanecer en la misma posición en la que te despiertas hasta que recuerdes tu sueño, tendrás mucho mejores resultados de recuerdo. Si te ves obligado a cambiar de posición, por ejemplo, para apagar el despertador, vuelve inmediatamente a la posición que tenías antes. Algunas veces, nos despertamos con solo una pequeña porción o un detalle singular en nuestro recuerdo de un sueño. Tal vez sea una persona que recuerde haber visto o un lugar. Cuando esto ocurre, puedes intentar trabajar hacia atrás a partir de lo que recuerdas haciéndote preguntas perspicaces en el momento en que te despiertas. Puedes utilizar esa pequeña parte de un recuerdo para desbloquear otros, ya que los hilos de los sueños están todos conectados. Si te recuerdas probándote una prenda de vestir, por ejemplo, analízala más a fondo: ¿De qué color era? ¿Dónde te la estabas probando? ¿Le gustó o no le gustó? Estos detalles minuciosos pueden ser el eco de otros recuerdos oníricos fragmentados. Otras veces, ni siquiera es una visión onírica lo que recuerdas; a veces, es un sentimiento con el que el sueño te hizo despertar. Al sintonizar con ese sentimiento de felicidad, agitación, ira o lo que sea, puedes obtener destellos de recuerdo del sueño que te proporcionarán una visión más amplia.

La última técnica, y la más popular, para recordar los sueños es un diario de sueños. La explicación está en el mismo nombre: es una especie de diario en el que escribes todo lo que puedas recordar de tus sueños. La clave está en la constancia; busca ese diario de sueños en cualquier momento en el que te despiertes, ya sea en mitad de la noche o por la mañana. Concéntrate en las emociones y los temas del sueño, no solo en los acontecimientos visuales que se desarrollaron. Con el paso del tiempo, es probable que empieces a ver conexiones significativas entre las emociones y los acontecimientos de tu sueño, lo que indica un simbolismo recurrente. Mediante el registro constante de los sueños, no solo entrenas a tu cerebro para que busque esos recuerdos, sino que también haces que el territorio de tus sueños te resulte considerablemente más familiar.

Pruebas de realidad

Para mejorar tus posibilidades de tener un sueño lúcido, es importante que sepas diferenciar entre la realidad y tus sueños. Aunque pueda parecer sencillo en un principio, nuestros sueños pueden parecer tan realistas que ni siquiera suponemos que estamos soñando. Sin embargo, hay elementos específicos en los que puedes fijarte para saber si estás soñando o despierto. A este proceso de diferenciación se le llama prueba de realidad.

Nuestros cerebros son imperfectos y a menudo no recuerdan con total exactitud la vida real. Por eso, por muy realistas que sean nuestros sueños, a menudo fallan en la reproducción de algunos pequeños detalles. Conociendo cuáles pueden ser estos detalles y verificándolos, te será más fácil identificar cuándo estás soñando. Algunos ejemplos de pruebas de realidad eficaces son:

- Examinar las manos. Comienza levantando la mano y examinándola; procede a mirar a otra parte y vuelve a llevar tus ojos a ella. Si los rasgos de tu mano no han cambiado en absoluto, no estás soñando. Dentro de los sueños, el cerebro no es capaz de producir la misma imagen visual de tu mano dos veces seguidas; a menudo puede tener dedos de más o volverse borrosa.

- Intentar tocar o manipular algo de una manera que sería imposible en la vida real. Por ejemplo, intenta pasar la mano por el brazo, algo que obviamente es imposible en la vida real. Si tu mano lo atraviesa con facilidad, sabes que estás soñando.

- Intentar leer coherentemente un texto. Es extremadamente raro que puedas leer y hablar en voz alta en un sueño, debido a que el nervio óptico de tu cerebro no puede funcionar como lo hace cuando estás despierto.

- Intentar utilizar un dispositivo digital con normalidad. En un sueño, la tecnología no funciona ni de lejos como lo hace en la vida real. Esto se debe a que nuestro cerebro está familiarizado con dichos dispositivos, pero evidentemente no comprende correctamente su funcionamiento. Esto podría manifestarse como una pantalla de teléfono que se vuelve líquida, o los iconos de las aplicaciones que saltan físicamente por la página, por ejemplo.

- Comprobar la hora en un reloj. Por alguna razón, los relojes son algo muy difícil de replicar con precisión para el cerebro. Algunos teorizan que esto se debe a que el cerebro no procesa naturalmente el tiempo de la forma en que lo forzamos cuando estamos despiertos. Teniendo esto en cuenta, los relojes en un sueño tendrán una forma poco natural, mostrarán una hora muy diferente cada vez que los mires o contarán el tiempo de forma extraña.

- Encender o apagar las luces de una habitación. A veces, el interruptor de la luz no funciona correctamente. Puede funcionar de forma errática y diferente a como lo haría en la vida real.

La idea de completar las comprobaciones de la realidad tiene que ver con la forma en que nuestro cerebro interpreta los sueños. Nuestro cerebro se esfuerza constantemente por mantener el mundo onírico que ha creado, pero le cuesta replicar los pequeños detalles a los que estamos acostumbrados en la vida real. Cuando soñamos, intentar replicar perfectamente algo en nuestra mente o examinarlo demostrará que tiene fallos. De hecho, darse cuenta de estos pequeños detalles y defectos de representación imperfecta puede ayudarte a tomar conciencia de que estás en un sueño. La comprobación de la realidad no es algo que deba hacerse únicamente cuando se supone que se está en un sueño. En efecto, si te acostumbras a hacer pruebas de realidad mientras estás despierto, aumentarán las posibilidades de que te acuerdes de hacerlas mientras estás dormido.

La parte subconsciente de nuestra mente es capaz de una creatividad fascinante y logrará producir una amplia gama de aspectos para incluir en su sueño. La razón por la que no gestiona los pequeños detalles de forma tan perfecta es porque la parte izquierda de nuestro cerebro suele estar inactiva mientras dormimos, la parte de nuestro cerebro de la que dependemos para analizar los detalles y utilizar la lógica. Estar atento a las señales de los sueños que implican esa precisión hará que sea más fácil distinguir entre la realidad y el mundo de los sueños. Una advertencia interesante es que, en cuanto nos volvemos lúcidos en nuestros sueños, nuestro cerebro izquierdo vuelve a ponerse en marcha en 30 segundos, activando más nuestro pensamiento lógico. Esto hace que nuestro cerebro mejore su recuerdo de los pequeños detalles que antes eran defectuosos. En otras palabras, a medida que un sueño lúcido avanza, las comprobaciones de la realidad son cada vez menos fiables.

Señales en un sueño

Una señal en un sueño puede ser cualquier tipo de acontecimiento extraño o improbable que también puede indicar que estás en un sueño. Por ejemplo, en la película Inception, el protagonista Dom hace girar una peonza para discernir si está en un sueño o en el mundo de la vigilia. Si la peonza gira con normalidad y se vuelca como de costumbre, sabe que está despierto; sin embargo, si la peonza sigue girando y girando durante un tiempo interminable, reconoce que no está despierto. A veces, las señales de que se está soñando se distinguen muy claramente, como poder volar, o pueden ser más sutiles, como ser un niño en el sueño pero ser consciente de que en la vida real es mucho mayor.

Las tres categorías de signos oníricos son:

1. **Anomalías**: sucesos extraños aleatorios y puntuales (por ejemplo, un elefante que ladra)

2. **Temas del sueño**: temas y sucesos muy comunes que ocurren en los sueños de muchas personas (por ejemplo, estar desnudo en público)

3. **Signos recurrentes**: pueden ser únicos para ti y son signos que se presentan más de una vez

Tomar conciencia de los signos de los sueños que pueden ser únicos para ti es una gran manera de familiarizarte con el mundo real frente al mundo de los sueños. Si eres capaz de notar conscientemente estos signos mientras sueñas, será más probable que desencadenes la lucidez. Si llevas un diario de sueños, te resultará aún más fácil empezar a notar temas y señales exclusivas de ti que pueden indicar cuándo estás soñando. Al conocerlos bien, podrás buscarlos específicamente en tus sueños y aumentar tu conciencia.

Técnicas populares

Independientemente de que su intención sea la investigación o la terapia, los profesionales han creado a lo largo de los años diversas técnicas de sueño lúcido. Con esta variedad de técnicas, casi cualquier persona puede probar, ensayar y determinar cuál es la más eficaz para ella. Estas técnicas se encuentran en una fase muy temprana de investigación, por lo que su eficacia depende casi por completo del individuo.

Inducción Mnemónica de Sueños Lúcidos (MILD)

Cualquiera que haya investigado de verdad sobre los sueños lúcidos y sus técnicas se encontrará seguramente con el nombre de Stephen LaBerge, un psicofisiólogo especializado en el estudio de los sueños lúcidos. En la búsqueda de una explicación para los sueños lúcidos, logró crear la técnica extremadamente popular llamada inducción mnemónica de los sueños lúcidos (MILD), centrada en el uso de la memoria para volverse lúcido. Esta técnica es ampliamente utilizada como una de las mejores para volverse lúcido dentro de un sueño. Suele utilizar elementos de visualización, autohipnosis y la capacidad de recordar para realizar una determinada acción en el futuro, un fenómeno llamado memoria prospectiva. Aunque ha popularizado el método MILD en los tiempos modernos, LaBerge lo creó en realidad inspirándose en antiguas técnicas de sueños lúcidos del siglo XVI.

La técnica MILD combina el recuerdo de los sueños y la memoria prospectiva. Le insta a imaginarse a sí mismo en el sueño aunque esté despierto. Para ello, intenta recordar el sueño lo más vívidamente posible y elige una escena concreta que tenga un signo de sueño. En otras palabras, si has visto un reloj deformado en tu sueño, invócalo con fuerza en tu mente antes de volver a dormir. Una vez que consigas sumergirte completamente en este recuerdo, procede a fijar y concentrarte en la intención de reconocer que estás soñando. Siguiendo estas acciones, la probabilidad de que te vuelvas lúcido en tu próxima etapa REM es muy alta.

La memoria prospectiva, una parte clave de la técnica MILD, es en realidad una parte de nuestro día a día, como cuando nos recordamos a nosotros mismos algo que debemos completar en un futuro próximo. Es posible que ya haya experimentado un poder similar antes; se dice a sí mismo antes de dormir que debe levantarse a las 7 de la mañana, y a la mañana siguiente se ha despertado antes de que suene el despertador. Nuestra memoria prospectiva consigue mantener nuestro cerebro activado, pero no de forma consciente, lo que nos permite seguir teniendo acceso a la intención que hemos establecido. En el caso de los sueños lúcidos, la memoria prospectiva aumenta la posibilidad de que seas consciente.

Sueño lúcido iniciado en la vigilia (WILD)

La técnica del sueño lúcido iniciado por la vigilia (WILD) es supuestamente una de las más difíciles que creó Stephen LaBerge. Se centra en la idea de permanecer consciente mientras se deja que el resto de la mente y el cuerpo se sumerjan en el sueño. Dicha técnica consiste en despertarse tras cuatro o seis horas de sueño y pasar un tiempo despierto antes de volver a la cama. Una vez que lo haces, te acuestas y te quedas completamente quieto, imaginando que tu cuerpo se funde con la superficie sobre la que te acuestas. Al cabo de un rato, pueden comenzar las alucinaciones hipnagógicas, lo que indica que estás pasando a un estado de medio sueño. Cuando esto comience, observa las alucinaciones y permítete permanecer relajado, para seguir derivando.

Sin embargo, las alucinaciones hipnagógicas pueden llegar a acompañar a la parálisis del sueño, lo que indica que tu cuerpo sigue su camino hacia el sueño. Cuando esto ocurra, mantente relajado y recuerda que éste es solo un paso más para entrar en un sueño lúcido inducido por la vigilia. Después de la parálisis del sueño, la técnica suele provocar una especie de experiencia extracorporal al crear una escena onírica que tiene lugar en la misma habitación en la que estás dormido. Por razones obvias, las personas que tienen malas experiencias con la parálisis del sueño o que no están en un buen estado de ánimo no favorecerán la técnica WILD debido a su potencial para causar experiencias de parálisis del sueño desconcertantes. Con esto en mente, se recomienda solo intentar la técnica WILD después de haber dominado las más fáciles.

Sueño lúcido iniciado por los sentidos (SSILD)

La técnica de los sueños lúcidos iniciados por los sentidos (SSILD) es algo similar a la MILD, ya que consiste en despertarse tras unas cinco horas de sueño antes de permitirse volver a la cama. Sin embargo, la diferencia en el SSILD es que no se centra en los recuerdos de un sueño reciente, sino en los estímulos externos que le rodean. Por otra parte, la técnica SSILD solo requiere estar despierto entre 30 y 90 segundos antes de volver a la cama. Se recomienda que mientras estés despierto durante ese breve tiempo, te centres intensamente en las cosas que te rodean y que ves, oyes y sientes. Cuando vuelvas a dormir después de haber dirigido toda tu atención y energía a esos estímulos, tu cerebro podrá trasladar eso al sueño al que vuelvas y permitirte ser lúcido.

Sueño lúcido iniciado en el sueño (DILD)

A diferencia de todas las demás técnicas comentadas hasta ahora, el sueño lúcido iniciado por el sueño (DILD) no se inicia cuando se está despierto, sino que se utiliza cuando la persona ya está soñando, sin tener que despertarse en absoluto. El método DILD más popular para tomar conciencia en un sueño es el reconocimiento de objetos. Evidentemente, esta técnica combina la idea de la prueba de realidad y la toma de conciencia en el sueño. Todo lo que se necesita es utilizar una de las prácticas de prueba de la realidad e identificar cualquier rareza de los objetos para que sea una señal de un sueño. Una vez que estés soñando, emplea cualquier combinación de técnicas de comprobación de la realidad hasta que estés convencido de que apuntan a que estás en un sueño. Por ejemplo, busca los detalles defectuosos que puedan aparecer en las manos, los relojes o el texto escrito. En cuanto hayas utilizado estos detalles para identificar que no estás despierto, estarás completamente lúcido.

Capítulo 4: Beneficios de los sueños lúcidos

Los sueños lúcidos no solo consisten en vivir aventuras salvajes mientras se duerme. También tiene muchos beneficios que pueden extenderse a tu vida de vigilia. Esta técnica de sueño puede tener enormes efectos positivos en tu salud mental, emocional e incluso física.

La capacidad de control que una persona es capaz de acumular a través de los sueños lúcidos a menudo se traduce en la vida de vigilia. De hecho, las personas que tienen sueños lúcidos suelen tener menos ansiedad en su vida real. Ya no piensan que todo lo que les rodea está fuera de su control. Están acostumbrados a tomar el asunto en sus manos. Además, la forma en que determinadas partes del cerebro interactúan entre sí durante un sueño lúcido es diferente a su interacción durante cualquier otro estado del ser. Con estas conexiones nuevas y reforzadas, la capacidad de funcionamiento del cerebro suele mejorar también en el estado de vigilia.

Perspectiva y creatividad

Aparte de la creatividad que supone tomar el control de un sueño y manipular potencialmente el resultado, hay formas en las que la mente soñadora puede ayudarte a pensar de forma innovadora incluso en tu vida diaria. Si bien no hay pruebas concluyentes que demuestren si los sueños lúcidos aumentan o no la inteligencia de una persona, hay pruebas de otros beneficios mentales. Los más notorios de estos beneficios son el aumento de la creatividad y la perspicacia. Como se ha comentado anteriormente, el sueño lúcido proporciona una perspectiva de posibilidades que no se limita a las reglas que reconocemos en la vida de vigilia. No solo permite a la persona experimentar cosas salvajes que se sienten extremadamente realistas, sino que también mejora directamente el funcionamiento de su cerebro. Concretamente, las personas que sueñan lúcidamente tienen una mejor conexión entre la corteza frontopolar de su cerebro y su área temporoparietal. Esta mejora se debe a la forma en que el cerebro de la persona se ha visto obligado a trabajar durante el sueño lúcido, que luego se traslada a la vida de vigilia. Con esta conectividad mejorada, la persona está más inclinada a desarrollar mejores habilidades para resolver problemas. Según un estudio, las personas que tienen sueños lúcidos son capaces de resolver hasta un 25% más de problemas que las que no los tienen.

Los estados hipnagógicos e hipnopómpicos del sueño, que a menudo son precursores de los sueños lúcidos, también pueden utilizarse para acceder a una mayor creatividad. Al principio de la noche, en los momentos de transición entre la vigilia y el sueño, se entra en el estado hipnagógico. A medida que te vas quedando dormido, puedes ver destellos e imágenes en tu mente. A menudo, estas imágenes se forman a través de una combinación de varios pensamientos y recuerdos que has tenido a lo largo del día. Estos pensamientos se mezclan con otras preocupaciones mentales (por ejemplo, fantasías y ensoñaciones), y a veces pueden producir ideaciones conceptuales ligeramente extrañas. Por ejemplo, puede que de repente se te ocurra una idea extravagante para ese negocio en el que estabas pensando sin que sea realmente realista. Éste es el momento en el que tu cerebro empieza a examinar la información previamente programada de una forma diferente;

por ello, el estado hipnagógico suele ofrecer visiones o pensamientos similares a los que has tenido a lo largo del día pero con un giro extraño.

Esto es lo que hace que el estado hipnagógico sea reconocido como tan imaginativo; es un reino fantástico en el que permanecer si necesitas una explosión de creatividad. Las ideas fluyen libremente a medida que la actividad de tu cerebro acaba por salir de su lógica y pasa a su funcionamiento onírico y emocional. Si estás intentando resolver un problema especialmente complejo, intenta esperar a este estado hipnagógico para pensar en él. Puede que descubra que las soluciones llegan con más facilidad, e incluso puede que se le ocurran opciones que antes no había considerado.

Al igual que Mendeleev y su tabla periódica que se le apareció en un sueño, Thomas Edison atribuyó su diseño final de la bombilla a las ideas que tuvo mientras estaba en un estado mental hipnagógico. Solía inducir a propósito estos momentos de sueño y creatividad para mejorar su innovación. Durante las tardes, se echaba siestas en su sillón, en el que colocaba dos placas metálicas bajo los reposabrazos y sostenía rodamientos de bolas en las manos. Mientras se dormía, pensaba en sus ideas e investigaciones, haciéndose preguntas en su mente. En el fluido estado hipnagógico, sus ideas fluyen con mayor libertad. Cuando entraba en un estado de sueño completo, su cuerpo se quedaba evidentemente inmóvil, lo que hacía que se le cayeran los rodamientos. Al chocar contra las placas metálicas situadas bajo los reposabrazos, le despertaban y anotaba rápidamente las ideas que se le ocurrían. Una de estas ideas resultó ser la clave de su infame diseño de la bombilla.

Cuando la mente pasa del sueño a la vigilia por la mañana, se entra en el estado hipnopómpico. Es fácil perderse esta fase por completo, ya que a menudo apagamos las alarmas y nos apresuramos a salir de la cama. Sin embargo, si te permites permanecer en este estado fluido y soñador durante unos minutos más, te sorprenderán los destellos de perspicacia e inspiración que pueden surgir en la transición de tu mente a la vida de vigilia. El estado hipnopómpico tiene lugar después de haber dormido toda la noche, lo que significa que tu cerebro habrá realizado una gran cantidad de procesamientos psicológicos a lo largo de todos los sueños de la noche, proporcionándote una pizarra limpia para una reflexión profunda. Esto es lo que lo convierte en un periodo de enorme perspicacia y claridad.

Para aprovechar al máximo el estado hipnopómpico, intenta no abrir los ojos ni mover el cuerpo. Asimismo, evita hacerte preguntas que requieran un pensamiento demasiado complejo, ya que esto despertará tu mente demasiado rápido. Simplemente observa lo que ocurre en tu mente, sé consciente de cualquier pensamiento que surja espontáneamente y toma nota de cualquier idea nueva que pueda surgir.

Mejora de las habilidades motoras

Los deportistas saben desde hace tiempo que realizar mentalmente habilidades y rutinas físicas tiene el potencial de aumentar su capacidad física para realizarlas. De hecho, los atletas que repasan mentalmente su actuación antes de una prueba suelen obtener mejores resultados. De forma similar, los sueños lúcidos podrían tener un impacto positivo en la rehabilitación física. Ya sea imaginando, soñando o realizando físicamente el movimiento, algunas de las mismas partes del cerebro están activas.

Son muchos los que creen que el sueño lúcido puede incluso acelerar la curación física. Este campo ha sido examinado exhaustivamente por los principales investigadores de la lucidez, Ed Kellogg y Robert Waggoner. Lo que descubrieron es que el efecto placebo y la capacidad de la mente de imaginar algo como real -aunque en última instancia no lo sea- están estrechamente relacionados con la capacidad de curarse físicamente a través de los sueños lúcidos. La estrecha interacción entre la mente y el cuerpo, conocida como conexión psicosomática, es increíblemente poderosa. Con el sueño lúcido, esta conexión psicosomática se fortalece, facilitando que ambos trabajen juntos en favor de la salud física.

Los cambios fisiológicos pueden ser fácilmente inducidos por tu mente. Por ejemplo, considera cómo se eleva tu ritmo cardíaco cuando te asustas por algo que en realidad no supone ninguna amenaza. Aunque el peligro no sea real, lo que tu mente percibe que está ocurriendo puede manifestarse como un síntoma físico en tu cuerpo.

Cómo detener y prevenir las pesadillas

Aunque las pesadillas crónicas son poco frecuentes, hasta el 85% de las personas las experimentan de vez en cuando. Por lo general, suelen ser bastante aterradoras en ese momento e incluso pueden hacer que nos levantemos alterados o sin descansar. Dependiendo de su gravedad, sus efectos posteriores pueden incluso afectar negativamente al estado mental de la persona durante uno o dos días. Además, las pesadillas recurrentes pueden convertirse en un verdadero problema psicológico al provocar miedo a conciliar el sueño. Las pesadillas no solo impiden que una persona descanse adecuadamente, sino que, en última instancia, también pueden crear una sensación de impotencia y pueden causar altos niveles de estrés y ansiedad incluso fuera del sueño.

Los sueños lúcidos pueden ayudar a superar las pesadillas recurrentes, ya que te permiten controlar el sueño. Una vez que reconoces que el sueño no es real, pierde su componente de miedo. De hecho, como ahora eres capaz de controlar el sueño, puede darte una sensación de agencia y puede utilizarse para recuperar la confianza mientras estás despierto también.

Para ayudar a las personas a conseguirlo, los psicólogos utilizan una técnica llamada terapia de ensayo de imágenes (IRT), en la que el paciente vuelve a imaginar una pesadilla recurrente, pero eligiendo un argumento más positivo y empoderador. Este juego de roles se imagina repetidamente durante cada sesión de terapia, entrenando la mente del paciente para que aprenda a reconocer que su pesadilla es solo un sueño y permitiéndole utilizar esta técnica cuando está realmente dormido para controlar eficazmente el resultado del sueño.

Capítulo 5: Aventuras e interacciones en el mundo de los sueños

Con tal variedad de técnicas al alcance de tu mano, el mundo de los sueños lúcidos comienza a abrirse por completo ante ti. Empleando estas técnicas correctamente y manteniendo la paciencia, desbloquearás tu propio mundo de sueños lúcidos. Con la mentalidad correcta, lo imposible se convierte literalmente en posible y tus fantasías más salvajes pueden ser alcanzadas.

Los sueños son vívidos y ricos en emociones. Los sueños lúcidos no son una excepción. Podemos hacer cosas en nuestros sueños lúcidos que nunca consideraríamos hacer mientras estamos despiertos. Según algunos teóricos, nuestros sueños representan pensamientos y motivaciones profundas e inconscientes que pueden reflejar nuestros deseos más oscuros. Todos tenemos anhelos reprimidos y deseos primitivos, como instintos sexuales y tendencias agresivas. Éstos aparecen en nuestro mundo onírico, lo que se conoce como efecto rebote de los sueños. Aunque nuestras represiones también pueden manifestarse de diversas formas desagradables en nuestra vida real, a menudo nuestra mente las expresa con mayor libertad cuando dormimos. Esta puede ser una forma particularmente saludable de lidiar con los impulsos y deseos, especialmente si aprendes a manejarlos adecuadamente dentro de un sueño lúcido. Para maximizar los beneficios del efecto rebote del sueño, permítete explorar tu subconsciente en un espacio seguro y libre de juicios.

Ese espacio pueden ser tus sueños lúcidos. Dentro de ellos, eres capaz de controlar casi todo. Sin embargo, este proceso comienza lentamente, ya que muchos principiantes en los sueños lúcidos al principio solo pueden ser conscientes del sueño, pero pueden tener dificultades para controlarlo. Con el tiempo, más y más elementos de tu sueño lúcido comenzarán a estar bajo tu control.

Cómo controlar tu sueño lúcido

Podría decirse que la parte más difícil de los sueños lúcidos es aprender a ser consciente de que estás en un sueño. Una vez que eres capaz de hacerlo, puedes esperar que los resultados fluyan con relativa facilidad y puedes empezar a trabajar en el control de los aspectos de tu sueño. Cuando eres consciente de que estás soñando pero no eres capaz de controlar los aspectos de lo que experimentas, se llama sueño lúcido no controlado. En este tipo de sueño lúcido, generalmente solo puedes controlar tus propias acciones, pero nada fuera de ellas, de forma similar a la vida de vigilia. Esto no indica ningún problema en su enfoque y es una experiencia común para muchos principiantes. El control de los sueños se consigue generalmente con la práctica y con más atención.

Aunque hay muchas técnicas para mejorar el control que tienes sobre tus sueños lúcidos, todas se reducen a un aspecto clave: encontrar el equilibrio entre tener un control consciente sobre los aspectos producidos por tu subconsciente. Esto incluye prestar mucha atención a los detalles y evaluar si son adecuados o no para el resultado deseado. Al hacerlo, le estás indicando a tu cerebro que todos esos detalles no se están desperdiciando y que tu yo consciente puede estar listo para hacerse cargo de ellos. También puedes simplemente decir en voz alta qué es exactamente lo que quieres cambiar en el sueño. Después de intentarlo un par de veces y de creer de verdad que va a suceder, el cambio puede ocurrir. Con el tiempo, estas técnicas dejarán de ser necesarias, a medida que tu mente inconsciente vaya soltando cada vez más las riendas. Las siguientes secciones describen aspectos de tu sueño que pueden estar bajo tu control, y cómo puedes controlarlos.

Personas

Las personas son habituales en muchos de nuestros sueños, lúcidos o no. Pueden ser desde personas cercanas a nosotros en la vida real hasta personajes ajenos que no significan mucho para nosotros. Sean como sean, a veces pueden ayudar o entorpecer el argumento que deseas para tu sueño lúcido. Por esta razón, a veces es útil para tu experiencia aprender a controlar los personajes de tu historia y sus acciones.

Cuando quieras cambiar algo de las personas de tu sueño lúcido, empieza por hacerte algunas preguntas perspicaces. ¿Quiénes son las personas presentes? ¿Dónde o cómo están parados? ¿Qué ropa llevan puesta? ¿Cuál es su expresión facial exacta? Con estas preguntas, estás aumentando tu conciencia y empujando sutilmente a tu subconsciente para que te permita controlar conscientemente estos aspectos.

Los sueños lúcidos no conocen límites. Esto es directamente aplicable a otras personas además de a ti mismo. Los soñadores lúcidos experimentados pueden intercambiar los personajes de sus sueños, hacer que actúen o respondan de forma diferente a como lo harían habitualmente, o incluso ayudarles a conseguir cualquier deseo que tengan para el propio sueño lúcido. Sí, incluso sus apariencias y personalidades pueden ser ajustadas.

La importancia aquí es no abusar de este poder y ser diligente en los cambios que se realicen.

Conocido por sus beneficios terapéuticos, el sueño lúcido se ha convertido en una forma popular para que las personas analicen, trabajen y experimenten sus relaciones desde una nueva perspectiva. Por esta razón, muchas personas desean traer a personas específicas del mundo exterior a sus sueños. Aquellos que deseen hacer esto deben tener a esa persona específica en su mente antes de ir a la cama, así como cuando sean conscientes en sus sueños. Dependiendo de lo familiarizado que esté su cerebro con ellos, la persona puede parecer muy realista. Para que sirva realmente a este propósito de reexaminar las conexiones de la vida real, hay que intentar honrar su verdadera personalidad y características.

Medio ambiente y entorno

Uno de los aspectos más populares de un sueño lúcido para controlar es el entorno. La gente a menudo desea experimentar estar en otro lugar del mundo o incluso en un lugar que no existe en el planeta Tierra. Con el sueño lúcido, esto es relativamente fácil de lograr. Una medida para conseguir más y más control sobre tus sueños lúcidos es notar y prestar mucha atención al entorno sobre el que no tienes control. En otras palabras, cuando te encuentres consciente en un sueño, observa todos los detalles que te rodean. ¿De qué color concreto es el cielo? ¿Por qué te gusta o no te gusta?

Si te encuentras en un entorno que deseas cambiar, fíjate en todos los detalles que puedas controlar. Ahora que tu conciencia está centrada en esos aspectos del entorno, pueden cambiarse

más fácilmente. Toma nota de cómo quieres que sea tu nuevo entorno e invierte tu energía en esta visualización. Los cambios pueden producirse lentamente, y cada aspecto se descompone y se construye de nuevo de la manera que has imaginado. Otras veces, todos los cambios que quieres ver aparecerán de golpe.

Un método común utilizado para cambiar el entorno en los sueños lúcidos es simplemente imaginar que vas a un lugar. Por ejemplo, si te encuentras en tu propia casa pero te gustaría estar en un castillo, puedes imaginar que ese castillo está a la vuelta de la esquina. De esta manera, sales de tu casa en el sueño y te diriges al lugar donde has creado el castillo. Si esto es demasiado mundano, o si quieres estar en un entorno completamente diferente, puedes teletransportarte o volar hasta tu nuevo destino. Volar es un método de viaje muy popular en los sueños lúcidos, tanto por su rápido tiempo estimado de llegada como por su imposibilidad en el mundo real.

Aunque esto es comúnmente más accesible para los ávidos soñadores lúcidos, el uso de portales también es posible. De forma similar a la teletransportación, la persona simplemente imagina un portal frente a ella que la llevará a cualquier entorno que desee.

Línea argumental

Para ponerse a prueba o simplemente para ampliar sus experiencias, a las personas que sueñan lúcidamente les encanta controlar el argumento. El argumento de un sueño lúcido incorpora aspectos de las personas y del entorno. Al aprender a controlar esos dos aspectos, el control de la línea argumental también queda a tu disposición. Lo único que queda por aprender es cómo controlar el desarrollo de los acontecimientos que no tienen nada que ver contigo.

En el caso de que, por ejemplo, desees experimentar una trama más cinematográfica, tendrás que aprender a hacer que se produzcan acontecimientos que no dependan de tus acciones. Para conseguir controlar la trama a esta escala, empieza con algo más pequeño al principio. Por ejemplo, intenta volar por el cielo y, al mismo tiempo, hacer que los pájaros vuelen a tu lado. Con el tiempo y la potencia suficientes, esas habilidades se traducirán en eventos que pueden ser tan dramáticos como desees.

Lo que no hay que hacer

La mejor manera de contar con una experiencia positiva de los sueños lúcidos es asegurarte de que eres consciente de las cosas correctas e incorrectas que debes hacer. Aunque los sueños lúcidos pueden ser encantadores y beneficiosos, tienen el potencial de ser desagradables o de terminar demasiado rápido cuando se eligen ciertas acciones incorrectas.

Lo primero que debes hacer es evitar realizar tareas peligrosas o muy improbables demasiado rápido en tu viaje de sueño lúcido. Por ejemplo, si intentas volar en tu primer sueño lúcido, puedes acabar cayendo, lo que puede ser decepcionante y aterrador. Lo mismo ocurre con cualquier acción que sería completamente imposible en el mundo real. Deja los extremos para un momento en el que estés más avanzado con tus habilidades. Otra cosa que debes evitar hacer es cerrar los ojos a menos que quieras despertarte. A menudo, cerrar los ojos en un sueño lúcido se utiliza como una técnica para terminar el sueño y despertar en la vida real. Si cierras los ojos durante demasiado tiempo, corres el riesgo de que eso ocurra. Sin embargo, puede ser beneficioso recordar esto si quieres terminar un sueño lúcido por cualquier razón.

Como ya hemos dicho, muchas personas eligen incluir a ciertos personajes en sus sueños lúcidos, pero no a otros. El único peligro de elegir a personas que ya conoces en tu vida es que tu conexión dentro del sueño lúcido no representa la realidad. En otras palabras, si centras todos tus sueños lúcidos en una conexión, puedes acabar con una relación que no se traslada al mundo real. Si decides incluir en tus sueños lúcidos a personas que conoces, asegúrate de no abusar.

La última cosa a evitar es posiblemente la más importante: los pensamientos negativos. Esto puede ser bastante obvio a estas alturas, pero tener pensamientos negativos puede hacer que se manifiesten algunas experiencias desagradables. Después de todo, el sueño lúcido es básicamente experimentar las profundidades de tu propia mente, pero de forma consciente. Por lo tanto, los pensamientos indeseables en los que te acabes centrando pueden hacer que las cosas se estropeen. Si deseas experimentar algo que te da miedo, las cosas pueden salirse de control. Esto está ligado, una vez más, a la importancia de estar en un gran espacio mental antes de salir al mundo de los sueños y centrarse en obtener experiencias enriquecedoras, no traumatizantes.

Capítulo 6: Técnicas avanzadas de sueños lúcidos

Como ocurre con cualquier habilidad, hay técnicas básicas para empezar y otras que suelen ser solo aplicables a personas que ya tienen experiencia. Esto hace que el sueño lúcido se convierta en un viaje interminable en el que descubrirás más y más oportunidades. Incluso, muchas personas que llevan años o incluso una década practicando el sueño lúcido creen que solo han arañado la superficie de todo lo que puede ofrecer. Después de todo, la mente es ilimitada y ni siquiera un siglo de experiencias de sueños lúcidos será representativo de todo lo que es posible. Puede parecer una lata, tener que esperar tanto tiempo para sacar realmente el máximo provecho de los sueños lúcidos, pero para cualquiera que vea su verdadero valor, vale la pena la espera.

La buena noticia es que cuanto más conozcas tu propia mente subconsciente, más podrás hacer. Una vez que hayas superado los pasos preliminares de aprender a ser consciente en un sueño y pasar a obtener el control, sumérgete en las técnicas que te ofrecerán todo un nuevo conjunto de habilidades para utilizar.

Mejora de la competencia

Los sueños lúcidos pueden parecer algo inútil, sobre todo al principio; es posible que tus acciones y ciertos acontecimientos no se desarrollen de la forma que deseas. Y lo que es peor, puedes estar viviendo la experiencia de tu vida y despertarte accidentalmente de ella porque te has excitado demasiado. Durante un sueño lúcido, nuestro cerebro funciona en un estado de semiconsciencia; nos ayuda a crear un mundo dentro de nuestra propia cabeza y nos da el control consciente justo para poder disfrutar de este mundo con atención. Sin embargo, con demasiada estimulación emocional, algunas partes de nuestro cerebro pueden ponerse tan alerta que nos sacan de nuestros mundos oníricos y nos devuelven a la realidad. Las emociones extremas simplemente dominan la inconsciencia que es responsable de nuestros sueños lúcidos.

Un motivo más para que un sueño termine prematuramente es que la persona se concentre demasiado en el mundo fuera de su sueño lúcido. Por ejemplo, pueden pensar que es tan fascinante que se hayan vuelto lúcidos que no dejan de pensar en el hecho de que su cuerpo físico está acostado en la cama. Básicamente, dar tu conciencia a cualquier cosa que no sea el sueño en cuestión durante demasiado tiempo puede hacer que se desmorone. Hay una línea bastante delgada entre olvidarse de estar involucrado en el sueño el tiempo suficiente para mantener la lucidez y estar tan involucrado con el sueño que se corre el riesgo de perderlo. El truco aquí es la estabilización del sueño.

Cuando sientas que tu lucidez se está perdiendo y que corres el riesgo de que tu sueño se derrumbe, emplea la técnica de estabilización del sueño. Con la estabilización del sueño, aprendes a conectarte a tierra en el sueño para evitar que ejerzas una cantidad abrumadora de emociones y dejes que tu conciencia se desvanezca. Esto incluye conectarse a tierra en el sueño con las siguientes técnicas:

- Examina tus manos. Si sientes que la burbuja de sueños de la que eres consciente es cada vez menos profunda, mira las palmas de tus manos. Mientras el resto del escenario se va aclarando poco a poco, céntrate solo en tus propias manos. Finalmente, el sueño puede recuperar su claridad y volver a su estado normal.

- Frota tus manos. Si el escenario que te rodea parece lo suficientemente claro, pero sientes que tu conciencia aún no es tan fuerte, frota una de tus manos contra la otra. Aunque la ciencia que hay detrás de esto no está del todo explicada, muchos creen que esto proporciona una sensación de vida que puede utilizarse para recordar a tu mente tu lucidez.

- Gira para restablecer la escena. Cuando las cosas se están volviendo demasiado confusas, puedes intentar devolver las cosas a la normalidad girando en tu sueño. Al girar, el entorno que te rodea se vuelve borroso, permitiendo que se recree una vez que te detengas. Sin embargo, asegúrate de girar solo lo suficiente para restablecer la escena; girar durante demasiado tiempo puede hacer que te desconectes aún más de tu mundo onírico.

- Concéntrate en estar atento. Al igual que cuando aprendiste las técnicas para controlar las cosas que te rodean, prestar toda tu atención a los pequeños detalles que te rodean también puede ayudarte a mantener la cantidad justa de lucidez. Observa las imágenes, los olores y cualquier otra sensación que puedas experimentar.

- Háblale a la existencia. Hablar contigo mismo no es solo una acción que puedes hacer cuando estás solo en el mundo de la vigilia. Al decir en voz alta "más lucidez" o algo por el estilo, estás recordando activamente a tu mente que no quieres perder la conciencia.

- Evita estar tumbado durante mucho tiempo. De forma similar a la idea de que mantener los ojos cerrados durante demasiado tiempo puede hacer que te despiertes, lo mismo puede ocurrir con estar tumbado. Si pasas demasiado tiempo relajado en posición horizontal en tu sueño lúcido, tu mente puede hacerla coincidir con tu cuerpo físico y despertarte también. El movimiento es una de las claves para mantener una cantidad sólida de lucidez.

Más allá de lo básico

Hasta ahora, hemos discutido cómo solidificar tu presencia dentro del sueño lúcido y cómo emplear algunos métodos muy básicos para empezar a aumentar tu nivel de control. Es importante no saltarse ninguno de esos pasos, ya que son una base crucial para las técnicas más avanzadas asociadas al control de los sueños lúcidos. Las técnicas iniciales para volverse lúcido en un sueño y comenzar a controlar ciertos aspectos del mismo están destinadas a ser dominadas antes de pasar a estrategias más poderosas y complejas. Sin embargo, una vez que te vuelvas hábil con los fundamentos del sueño lúcido, se te anima a empezar a implementar métodos avanzados de control que te permitirán hacer tu sueño lúcido aún más interesante.

Hay cinco categorías avanzadas que son las más populares para los ávidos soñadores lúcidos. Incluyen:

1. **Estrategias verbales.** Al igual que hablar a tu propia mente para permanecer lúcido, comunicar verbalmente de forma directa a tu entorno y a otros personajes dentro del sueño puede ayudarte a reforzar tu control sobre ellos. Además de hablar en voz alta, como "Ven conmigo" o "Haré desaparecer esa nube", tienes que creer que tienes el poder de hacer que lo que dices ocurra realmente.

2. **Utilizar objetos o el entorno.** Como se ha mencionado anteriormente, muchos ávidos soñadores lúcidos utilizan portales para viajar a un entorno diferente. Un concepto similar se aplica aquí: puedes asignar ciertos "poderes" a un objeto de tu elección para ayudarte a controlar lo que desees. Puede tratarse, por ejemplo, de un objeto tan clásico como una varita mágica, o puede ser más exclusivo para ti, como una determinada piedra o prenda de vestir. Una vez que estés lúcido en tu sueño, puedes encontrar o hacer aparecer el objeto de tu elección. A continuación, aclara conscientemente que ese objeto específico podrá cumplir tus deseos. Por ejemplo, si designas una varita como tu objeto, entonces esperarás que tus deseos se hagan realidad cuando uses la varita de una manera específica. Con esta técnica, cimentas tu convicción de ser capaz de controlar al creer que este objeto se utiliza específicamente para ejercer tus deseos.

3. **Estrategias corporales.** Se trata de una técnica bastante directa que puede ayudar a engañar a la mente para que la conciencia controle el sueño. Por ejemplo, algunas personas que desean volar pueden empezar a saltar en el aire una y otra vez hasta llegar al punto de volar. Otros pueden utilizar su cuerpo incluso para controlar aspectos ajenos a ellos mismos; pueden utilizar sus manos para hacer señales a los objetos para que se muevan, algo parecido al concepto de telequinesis. A veces, incluso pueden intentar cambiar todo el entorno moviendo su cuerpo para facilitar ciertos cambios. Prueba a mover los brazos por encima de la cabeza para cambiar la dirección de las nubes o a deslizarlos a tu alrededor para cambiar por completo la combinación de colores del cielo.

4. **Gestión emocional.** La gente ha descubierto que tener control sobre tus propias emociones en un sueño lúcido puede ser una de las técnicas más poderosas para inducir ciertos cambios. Si un personaje ajeno actúa fuera de tu control, reacciona de forma positiva en lugar de responder negativamente. Por ejemplo, abrázalo y ejerce una emoción positiva de aceptación y satisfacción. Para tu sorpresa, puede que ahora sus acciones sean mucho más controlables que antes. Algunos especulan que las estrategias de gestión de emociones son eficaces porque todo lo que vemos en un sueño lúcido es una manifestación de ciertos aspectos de nosotros mismos. Con la aceptación, demuestras que no odias estos aspectos de ti mismo, sino que estás abierto a cambiarlos.

5. **Otros métodos.** Más allá de los cuatro métodos descritos anteriormente hay una categoría que incluye cualquier otra estrategia única para los diferentes soñadores. Esta categoría incluye otros métodos como la visualización de los cambios que deseas o incluso encarnar los aspectos que te gustaría ver. Por ejemplo, encarnar a un personaje ajeno con el que te gustaría interactuar puede invocar su aparición.

Déjate llevar y sueña

Todos somos capaces de realizar un cambio positivo y la mayoría de nosotros incluso lo deseamos. A menudo, las exigencias de nuestra vida diaria se interponen en el camino para que ese cambio sea fácilmente accesible para nosotros. Mientras que algunas personas recurren a sustancias potencialmente peligrosas o a opciones más seguras, como buscar el apoyo de sus seres queridos, los sueños lúcidos nos proporcionan otra opción: facilitar estos cambios a través de nuestra propia mente y solo de nuestra mente. Este es quizás el aspecto más atractivo de la exploración de los sueños lúcidos: las infinitas posibilidades unidas al hecho de que el entorno en el que te encuentras está completamente libre de juicios. En realidad, incluso la mundanidad que una vez encontraste en tu vida regular puede ser borrada una vez que te has introducido en todo lo que tu mente es capaz de hacer. Lo único que te queda por hacer es empezar; adéntrate en el mundo que tu propio subconsciente ha creado para ti y aprende cómo su manejo te proporcionará beneficios mucho después de que te despiertes.

A menudo, las personas que empiezan a soñar lúcidamente se ven atrapadas en la exploración de experiencias relativamente sutiles que simplemente no pueden explorar en la vida real, como la visita a un lugar de vacaciones o la subida a un precioso sendero de montaña. No obstante, cuanto más se familiarizan con sus capacidades de sueño lúcido, más oportunidades se presentan. Empiezan a vivir todas sus fantasías, por muy de otro mundo que sean. Es una situación en la que todos ganan y en la que se conectan cada vez más consigo mismos mientras amplían sus experiencias mucho más de lo que la mayoría puede imaginar.

Tanto si te alineas más con el punto de vista de Freud, Jung, LaBerge o cualquier otro profesional, la importancia de nuestra psicología subyacente es indiscutible. Nos queda mucho por aprender incluso en relación con nosotros mismos; las partes más oscuras de nuestra mente suelen permanecer dormidas mientras estamos despiertos, pero pueden muy bien mostrarse en nuestros sueños. Psicólogos, neurocientíficos y onirologistas han proporcionado a la humanidad innumerables teorías e hipótesis que pueden ayudar a animarnos a conocernos a nosotros mismos. Salimos de nuestros sueños lúcidos con una mayor comprensión de nuestras propias emociones y deseos reprimidos. ¿Por qué dejarlo al azar cuando tienes el poder dentro de ti mismo para dirigirte hacia las experiencias que deseas?

Déjate expresar por fin todo lo que albergas libremente. Una vez que conquistas el miedo inicial a tu propia mente, aprendes a aceptarla. Cuando llegas a conocer cada aspecto de ti mismo -por muy sorprendente que sea- aprendes a aceptarlo. En verdad, hay suficientes misterios en los sueños lúcidos como para llenar una biblioteca. Sin embargo, la mayoría de ellos puedes, y debes, descubrirlos tú mismo. Mediante las técnicas que acabas de aprender, todo esto -y más- es posible. Permítete soñar y los milagros seguramente llegarán.